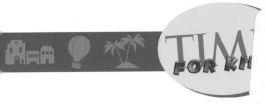

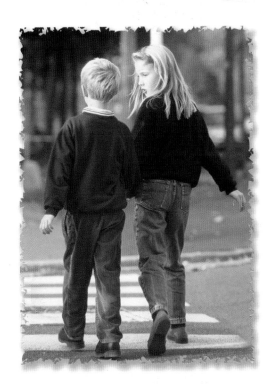

En movimiento

Dona Herweck Rice

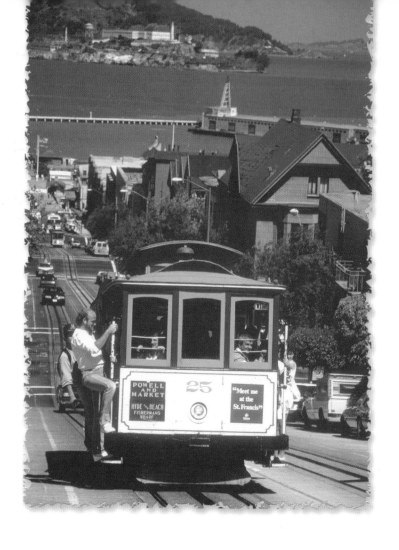

Nos movemos.
Nos movemos de muchas maneras.

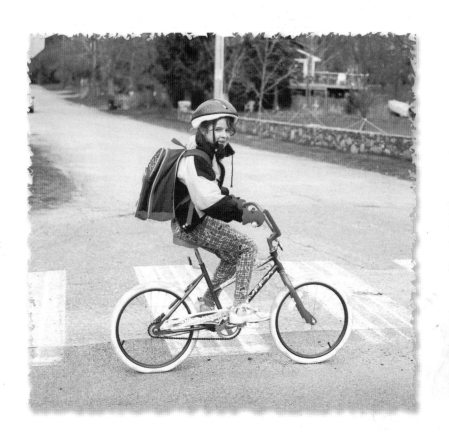

Ella se mueve en bicicleta.

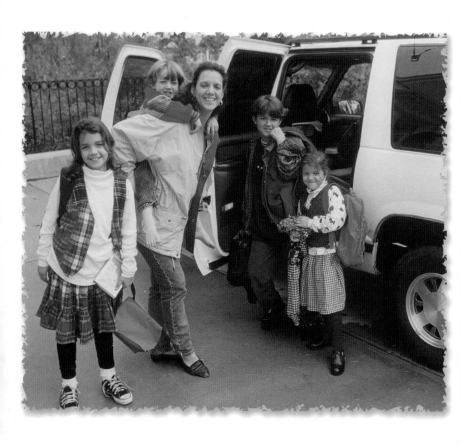

Ellos se mueven en un carro.

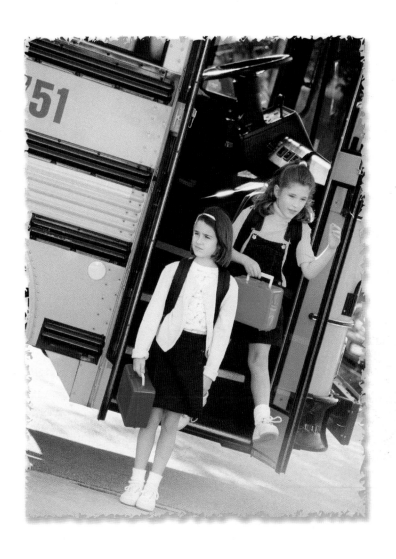

Nos movemos en autobús.

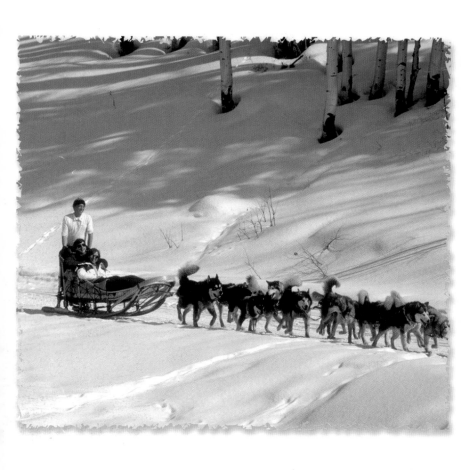

Ellos se mueven en un trineo.

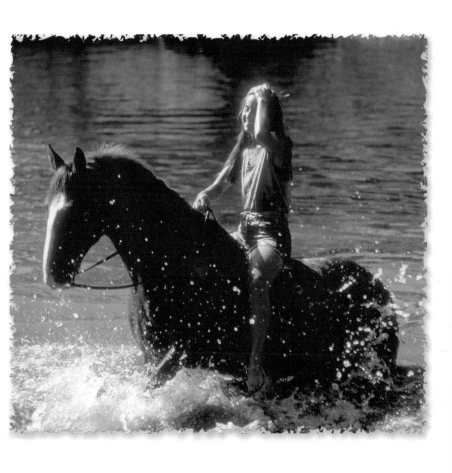

Ella se mueve en
un caballo.

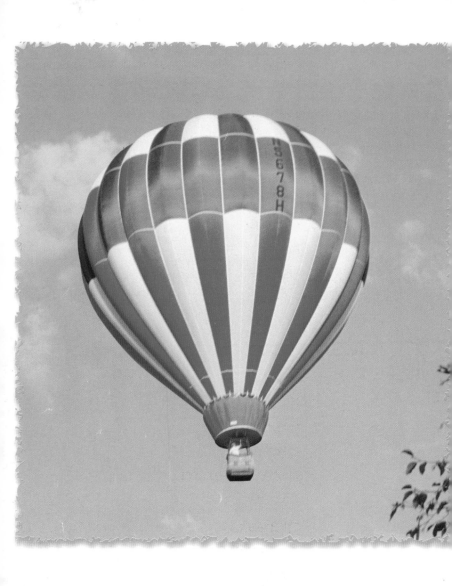

Él se mueve en
el cielo.